쓰린 것 덧대고 꿰맨
사랑 시 한 편 지으려
삶의 주머니 샅샅이 뒤질수록
깃털처럼 가벼워진다.

이 경 미 시집

바다로 간 木魚

지식과사람들

▮시인의 말

무지렁이 아낙이
미쳐가고 있다

밥 대신 시를 짓고
찬거리 손질 대신 시를 다듬었고
별 달 꽃들도 따 담아
보글보글 끓였다

흐릿한 옛사랑과 이별한 속내도
달래고 쓰다듬어
소소하게 엮어낸 첫 시집

수수한 글 한 줄이
민들레 홑씨처럼 어디라도 닿아
사랑의 씨앗으로 움텄으면 하는
바람을 가져본다.

2018년 11월

송향 이 경 미

▮ 목차

제1부 가슴을 비워내어

불면으로부터 결국 독립하지 못할 거라고 창가에 서성이는 달빛의 충고도 받아들여야 했다

제2부 내 마음의 숲에

거짓말처럼 찻잔 속으로 비집고 들어와 오므렸던 생(生)
천연스럽게 펼치며

■목차

제3부 천 년이 흘러도

쓰린 것 덧대고 꿰맨 사랑 시 한 편 지으려 삶의 주머니 샅샅이 뒤질수록 깃털처럼 가벼워진다

제4부 이경미 시인의 詩세계 / 김 송 배 시인

제1부

가슴을 비워내어

불면으로부터
결국 독립하지 못할 거라고
창가에 서성이는 달빛의 충고도
받아들여야 했다

붓

산발한 머리
숨겨둔 진실

꼿꼿한 자태로
새하얀 종잇장에

점 찍고 획을 이어
비로소 비워낸 머릿속

담쟁이덩굴

크고 넓은 담벼락
외로운 사랑
기어이 품고야 말겠소

가녀린 혈관
붉은 손 겹겹이 내밀어
하루 한 뼘 기어오를

난 담쟁이덩굴
당신은 벽

회색빛 도도한 어깨 위
화르르 타오를 마지막 연가
바람처럼 머물다 갈 사랑이어도
품고야 말겠소

독감을 앓으며

한기가 온몸에 박혔다
눈 감고 누우면 아득한 바람 소리

황량한 벌판 어딘가 내몰린 깃발처럼
뒤엉킨 정수리로 징이 울어댄다

이불로 감싸 안아도 헐떡이며
썩어가는 세상 대변하듯
기도에서 튀어나온 객담
아무리 캐내어도
이내 둑새풀로 자라난다

겹겹이 얼어붙은 뼈마디
빙벽이라도 뚫고 일어나
싱싱한 풀 한 포기 되고 싶어지는 간절함
나의 봄은 어디쯤 오고 있는가

건망증

간밤에 세워둔
주차 위치도

인감증명서 떼러간
내 이름도

가방 들고 돌아서면
핸드폰도

깜빡이는 것들이
늘어만 가는 파장머리

현관에 들어서니
시장 본 보따리가 오리무중

불면의 바다

불면과 씨름하며 돌아누운 자리
촉수 밝은 별들이 쪼르르 둘러앉아
사금파리 같은 일상
일일이 깨워놓고 소곤거렸다

모난 상념들 불 꺼진 허공에서
발광하는 한밤중

불면으로부터
독립하지 못할 거라며
창가에 서성이는 달빛의 충고도
받아들여야 했다

어둠의 발자국이 더디게 연 새벽
하품 속에 부시럭이던
불면의 바다 위로
홍등이 헤엄치며 떠오르고 있었다

해탈

채운 것이 없어
버릴 것도 없다며
푸른 속내
둥글게 펼친 연(連)

욕심 한 방울도
쏟아내지 못해
번뇌 끌어안고 사는
사람보다 낫다

종잇장 같은 몸으로
뜨거운 세상을 품고
열반에 들더니

대공 가득
사리 물었다

기적(汽笛) 소리

육십이 다 된 여자가
재 넘고 강 건너
나들이 가는 날

삭풍은 빨리 가라
시린 손으로
등 떠밀고

그윽한 눈망울 팔십 노모
얼른 오라 동동

숨 가쁘게 내 달리던 열차가
덜컥 엎어진 종착역

새끼 찾는 노모의 목소리
기적(汽笛)처럼 울린다

잃어버린 증표

파도가 쓸어놓고 간
바닷가 모래밭
작가 미상의 그림 한 장

살그미 덧댄 하트
화살로 콕 찍어 기가 막힌

고흐도 그려내지 못한
소금으로 색을 입혀
민망하게 눈부시다

갈매기 떼 끼룩이며 읽고 가는
구애의 흔적
질투 어린 파도가 거칠게 달려와
삼켜버린 부절의 증표

화석이 되다

굶주린 뱃속
법문으로 채우며
비늘이 벗겨지도록
억겁 수행하고도
부레 한 점 얻지 못해
처마 밑 화석이 되어버린 목어

자작나무 엽서

하고픈 말이 많은 여름 숲
분필로 써 놓은 푸른 엽서

ㅅ에 ㅅ이 겹쳐진 방점
뜨겁게 이어질 인연의 길목으로
띄워주지 못한 애틋한 연서

가을 끄트머리
노란 현기증 일으킨 난치병

중독된 사랑이라 읽어 줄 그대
가까이 가까이 오세요

엽기적 그녀는

엽기적 모습으로
튀어나온 너

볼그레한 표정으로
이쁘다는 말 대신

짝사랑도 깊어지면
병이 된다 일러주는
거울 속 뾰루지

신발 한 켤레

오른발
왼발
뚜벅뚜벅이란 언어로 서로 위안 주며
앞서거니 뒤서거니
진창길 울퉁불퉁 걸어도
외면할 수 없는 사이
한 사람을 위하여 시다 달다 말없이
한세상 걸판지게 살다가요
굽이 닳을 때까지

허물 캐기

튤립 한 송이
카페라테 카푸치노 카페 모카와
둘러앉아
허물 캐는 입 입 입

산비탈에 사는 산수유
황사를 토설하는 중이고

둑길 옆 목련은
밤낮으로 배가 부르다는
소문의 진원지를 캐고 있다

나선형 못

단단하고 깊은 곳 뚫어가며
외통수로 산다는 것은 고독한 것

어정쩡한 위치에 엇디딘 발은
자칫 퇴출당하기 십상

불량으로 뽑히지 않으려
무결함 꿈도 꾼다

어지러운 세상
똑바르게 중심 잡고 산다는 게
어디 쉬운 일인가

전기드릴의 위압에도
결합이 되어야 할 분명한 이유가 있다면
외롭고 두려운 세상일지라도
인내하며 살자 다짐했다

완제품 인생을 위하여

살살이 여우를 만난 날

왜 이렇게 졸리냐며
모로 누운 초저녁 잠자리

꿈속에선
누구와 그리도 정다운 동침인지
다홍색 미소로 설레다 들킨 숨소리
가장조 높은음

뽀얀 살내음 풍기는
살살이 여우라도 만났을까
입맛까지 다시는

그 흔한 꿈 중에
싫증 난 내 꿈도 꾸어보라고
살며시 돌려버린 베갯잇 사이로
파투 난 개꿈

불야성

오직
어둠만 먹는
유혹의 성

부나비처럼 온 밤
화려하게 나부끼다
소등되는

정체성도 거부된 그곳엔
누가 살고 있을까

밤거리로 배회하는
어쭙잖은 취객
하이에나 같은 길고양이

아무려면 어때 불야성인 걸

회오리

조선 해운업 난파선
기막힌 머리글자 펄럭인
조간신문

그 무서운 IMF
금괴와 맞바꾸고
화려하게 부활한 일터
구조조정 한창이다

피사리 당하지 않으려
청춘을 불사른
노동자의 분개에
경기부양이란 검은 활자

절망 씹은 노동판
억장 친 목구멍 연대투쟁 돌입이다

전태일 철로는 아직도 달리고 있다

인력시장

눈 내린 공사장
삶의 탯줄 같은 노동판
공친 하루가 허허로워
잰걸음질한 선술집

공사장 일감만큼이나 좁은 탁자 위
취기어린 인부들 시든 푸념들이
서럽게 뒤섞여 흔들린다

걸걸한 노랫가락 잔이 터지도록 꾸역꾸역 채우고
오늘이 깨질만큼 부딛히는
잔의 용솟음은 노동자의 꿈틀거림이요
꿈꾸는 하루였다

눈이 잦아들고
바람이 엎어지자
내일이 잔에서 요동친다

아리랑 장날

마당패 놀이로
북새통 이룬 장터
비닐 천막들도 어깨가 펄럭

약초꾼 등에 업혀 고개 넘은
백도라지 산더덕 송이버섯
좌판에서 제멋대로
호객행위 한창이다

심술이 볼록한 고추
이마가 미끈한 감
실랑이 벌어진 고부갈등
장바닥에서 울그락불그락

신천지 개발한
양철지붕 푸드트럭
저마다 때깔 난 인생
철판에서 엎어지고 젖혀져
핏기 돌았던

장사꾼 호랑도
두툼하게 살쪄 오른 정선 오일장

안드로이드

대보름이 생일인 친구
날이 참 좋다 했더니
골골거리며 살아야 할 사주라
싫다고 한다

인생의 어느 지점
불치병이 옹이로 박혀
슬프게 울고 있는 이모티콘

꺼져가는 인등 같아
차마 끊을 수 없는 안드로이드
헛헛한 바람으로 한 줌 재로 흩날릴까
침이 말라 온다

그녀의 향주머니

인사동에서
일부러 사 왔다는 방향제

남색 저고리
꽃분홍 치마에
질끈 묶은 잘록한 허리

어디로 가느냐고
조심히 다니라고
졸음에 빠지지 말라고

차 안에 매달려
강물처럼 출렁이는
야릇한 매무새

쉴 틈 없이 뱉어내는 박하 향기
잔소리꾼 그녀 같다

종

잔잔한 파문으로 요동치는
그대의 목소리
명치 끝 고동치는
명징의 소리

번짐

비가 내리면
번지지 않은 곳이 있으랴

외딴 마을
적적한 산중
스며들지 않는 곳이 없다

메밀 곶이 돌 틈
은근히 숨어들어
황폐한 벌판 싹처럼 움터
번지지 않는 곳이 있으랴

*메밀 곶이 : 척박하여 메밀밖에 못 심는 땅

연등절

꽃등이다
연등이다

어느 님의 등이기에
이리도 찬란한지

허공에서
살 부비며 빌어주는
자비로움

어둠 속
하나 둘 간절히 피어날
영롱한 소원들
부디 극락왕생하기를

만방이다

마주 앉아 집짓기
모눈 판 어디라도 좋다
모래성이 아니라면

예리한 눈빛 치밀한 손길
똑딱이며 지은 집
아직은 미생
잘못 놓인 주춧돌에
이어놓지 못한 돌 한 점

뚫린 곳이 있다면
무엇이라도 흔들리기 마련
살다 보면 억울한 꼼수에 들려나간
패(敗)들도 수두룩

제치고 끊고 밀린
무수한 변수
호구 당한 판막음
패착이다 돌을 던져라

가을밤 무도회

도대체 어젯밤
무슨 일이 일어난겨어

잠들지 못한 초롱별
꺼먹 고무신 신고 내려와
허수아비랑 달빛에
탱고라도 춘 기어

노란 무희 복 입은 나락이
밤새 바람의 리듬에
추임새를 넣더구먼

아버지가 술타령하신
그날 밤처럼

※겨어, 기어 : '그랬어'의 충청도 사투리.

북

두들겨 맞고 살아야 하는 나는
죽은 짐승의 가죽에서 태어난
기구한 팔자

잔칫집으로 몰려온 사람들이
쳐들썩거리며 벌여 놓은 잔치판
자진모리장단에 넉신 맞아
비명을 지르기 일쑤

망령까지 초빙하는
박수무당 신병 날뛴 굿판에는
살갗이 터질듯한 곤죽으로
자지러지고 나서야
고요의 뜨락에 겨우 쉬는
기막힌 악기

타협점 없는 긴장의 연속
살아가는 절반의 날도 울음이라
침묵의 순간도 늘 두렵기만 하다

수다 중이다

직선으로 내리는 장맛비
수다가 절정

무성해진 여름 노래
초록 이파리로 발 구르고

알을 낳으려는 연밭
끝끝으로 양수 끌어 올리는 소리

포도밭 고랑마다
토실하게 익어가는 소리

지붕 위로 달리는 거치른 장단
세상이 시끌벅적

지고 있다는 것은

가을 하늘은
가슴을 비워내어
저리도 공허한데
이제 내 나이도
비워내는 일만 남았다

빛나던 볕살에
펄떡인 청춘을 다 태우고
노을 깊은 곳으로
천천히 지고 있다는 걸 알면서도
이젠 맘이 참 편안하다

가끔 문신처럼 독한 사랑이
외롭게 펄럭이면 쓸쓸하다

술타령

이 보게나
술 한잔 사 줄 수 있겠나
호주머니 털털 털어 주거니 받거니
술 향에 취하고 인생에 취하고
별똥별 복사꽃처럼 지는 밤
잔을 나눠봄세

내 호주머니 돈 들면
자네 밥 한 끼 대접하고
자네 주머니 돈 들면
술 한잔 사 주는 게 사는 재밀세

봄꽃은 아침 이슬 같고
덫에 걸렸던 청춘도
봄볕과 같아 생은 단막극일세
이미 우린 황혼길이네

아비규환으로 살지 말게나
고운 눈 조용히 감을 땐

희열 속에 떠나야 한단 말이세

자네와 난
얼근한 취기를 부리고 있구먼
별이지는 이 밤에 말일세

<u>흐흐흐</u>

지금도 들리는 그 소리

까불지 마라
삼사월엔 바람도 숨죽인다

태극의 숭고한 외침
절절히 스며든
아우내 장터

조국 위한 깃발에
쟁쟁한 외침 소리

삐뚤사랑광

비 내리는 연밭
누가 다녀가는지
발자국 소리 요란도 하다

무엇이든 견딜 만큼 주어야
담아낼 수 있는 것

고개가 푹 수그러지도록
퍼부어대는 대책 없는 장대비
거침없이 쏟아내며
휘청이는 연밭

※삐뚤사랑광 : 스토커란 뜻. 순수한 우리말.

여름밤은 익어가고

여물지 않은 풋보리 적
감당할 수 없었던 남잘
술 한 병이 큰 대자로 눕혔다

고단한 숨비 소리
온 세상 독채 삼켜도
트집 잡을 수 없는

퇴근길에 사 들고 온
청포도 몇 송이
검정 비닐봉지 터지도록
새파랗게 웃고 있었다

비타민보다
더 비타민 같은 마음
얼근한 취기까지
절절히 달아오른 십오 층 우듬지

부싯돌을 켜자

너울이 요동친 잡념의 촉
부싯돌로 기어이 불 밝히고

곱씹어도 단단한 돌같이
삭여낼 수 없어 까맣게 나뒹군 어순
날밤을 새워도 채울 수 없는
단 한 자

하현달이 저만큼 다가와 잡념의 살
반쯤 빼라네
널브러진 낱말들 주워 먹고
통통히 살쪄 오를 시를 위하여

가을 항구는

저물녘
만선을 자랑하는 깃발

신명 난 갈매기 풍어굿에
어부들 얼굴마다 춤사위

바다 등지고 세상으로 망명한 전어
집 나간 며느리도 걸려든
배부른 그물망
닻을 내린 풍성한 항구

넉넉한 마음 실은
노을빛이 정박 중이다

여자의 반란

몽돌 하나 호젓이
머리에 이고
항아리 속 물김치로
발효를 꿈꾸었다

밀물 몰아치듯
푸르렀던 패기
소금으로 숨죽여
푹 삭은 동치미

남편에게 씹히고
자식들 배 속 채우고
시집 식구 비위 맞추고
버려진 채

홀로 갱년기 앓다
온몸 뭉개지고 뜯기어
분함으로 치 떨어 분꽃으로
하얗게 반란 중이다

가로수 시화전

하늘로만 곧게 뻗은
황혼길 시인의 꿈

밤낮으로 써 내린
정갈한 시 한 수

잔가지 부러지게
잎마다 욱신거린 문장
끌어안고 앓기도 했었지

상처 많은 글귀 가만히 다독이며
햇살로 빚어낸 붉은 점자

북적이는 인파 속에
촘촘한 배열로 나부끼는
걸개 시화전

시제는
메타세쿼이아

시맹

저녁 식탁 가득
별빛 버무린 시어 한 상

백김치 깍두기 콩나물
군침 도는 시어들

존득한 하얀 낟알
수북하게 두드려
육개장 국물에 말았다

박홍의 꽃물처럼
때깔 고운 문체

매끈한 시 한 사발
허기진 시인들
푸짐해진 별 밤이었다

※시맹 : 시인들의 모임

피카소의 잠자는 소녀

화장한 채 잠들었나
피카소
평온한 소녀처럼

꿈길에선 지지 않는 꽃으로
유순하게 돋아나
상상을 초월한 추상적인 표정

단 한 번의 붓놀림에
요란했던 일대기가
잠겨있는 속눈썹

탁탁
낙찰의 시각
환하게 유채색 눈을 떠요
피카소

시인의 진술서

장대비 속
천둥의 호통에
오금이 저리다

시 대신
지난날 부모님께
지은 큰 죄를 진술해야
될 것 같다

진술서엔 이미
어머니께는 산고(産苦)를
아버진 노동판으로 내몬
나의 죄명이 분명하게 찍혀 있어
용서 빌지 못한 중한 죄목에
내 가슴은 종일 천둥이 친다

제2부

내 마음의 숲에

거짓말처럼 찻잔 속으로
비집고 들어와 오므렸던 생
천연스럽게 펼치며

붓꽃

오월의 백일장에
초대받은 붓꽃

몇날 며칠 습지에서
밀어올린 먹물 한 방울

텅 빈 하늘에 뭐라고 썼기에
봄바람이 어지럽게
흩어놓고 갔을까

무청

더러는 흔들리다
출렁인 푸성귀

서리 맞아
종말로 다가온 가을날
젖줄 잘린 뽀얀 몸집
흙속에 뉘고

눈빛 시린 뒤곁
새끼줄에 굴비로 엮이어
점점 말라가는 시퍼런 명줄

연분홍 꽃등

입춘이다 싶어
화선지에 봄바람이라 쓰고
매화도 그렸다

바람 부는
순백의 눈밭 속에
가지마다 움찔거리던 꽃등
붓끝에서 절망하는 모습이 하도 딱해
물감을 풀었더니
생기 돋은 연분홍 꽃등

하얗게 얼어붙은 세상
한 번의 몸짓으로 등불을 켜는 봄

산은 명상 중

시어 울창한
온양 광덕산 팔각정이
야단법석이다

소쩍새도 귀담아듣는
뭉클한 낭송에
함초롬해진 숲

입을 꾹 다문 산은
누운 채 명상 중

늦가을 오솔길

이 길로 들어서면
모두가 슬퍼진다

푸른 맥박 어눌해진
노란 백합나무의 떨켜

죽어가는 세포들 하나둘
풍장 시키려 뒤척이는 길목

사랑도 이별도
이제는 모두 묻기로 하자
다시 번져 아름다울 그날을 위해

양파

붉은 망 속
한 생애가 보낸
이별 통보를 펼쳐보다
한참이나 울었다

속속들이 필사한 독한 일생
덧물집헌데로 썩어가는 하얀 속살

살아온 길보다
돌아갈 길을 찾아
허물어 낼 줄 안다는 것이
때로는 아리고 슬플 때가 있다

※덧물집헌데 : 살갗 군데군데 둥근 물집이 생기는 피부병.

늙은 호박

늙은 호박 얻어와
잘라보니
씨앗 가득
속 끓인 여자 속이더라

펑퍼짐한 엉덩이
노지에 철퍼덕 주저앉아
노란 꽃대 속
벌 나비를 호령한 시절도 있었을 터

다 늙어 마른
골 팬 피부
새끼 열을 품고도
홀로 견딘 눈물겨운
어미고 여자였더라

금잔화 차

꽃말은 이별

투명 유리병
주황 미라로 누워있다
어느 순간

오목한 찻잔 속으로
비집고 들어와
이별은 또 다른 만남의 연속이라고

오므렸던 생
천연스럽게 펼치며
향기로웠던 전생
수수하게 우려내는 금잔화

숲의 노래

내 마음의 숲에
함께한 당신

살아오는 내내
철철이 선사한 뭉클한 두근거림
넉넉한 그늘까지 내어준 쉼터였지

물굽이로 소용돌이치며 깎인 자리
삭정이 되기도 했지만

작은 새들의 속삭임과 어우러져
싱그럽게 연주한 초록 화음은
내 마음 고동 친 울림이었지

해바라기

높다란 중천
눈부신 외눈박이

미치도록
닮고 싶어
푸른 막대 끝
커다란 외 눈

여름내
붉은 동공 속
다닥다닥 영근
노란 점성(漸盛)

청옥에 꽃이 피다

베란다에 심장이 뛴다
딸아이 아파
손길조차 잊었던 집안

청옥이 부푼 몸으로
고운 꽃을 낳아버린걸
까맣게 몰랐다

참 기특하다
정갈한 물 한 사발
팽팽해진 꽃줄기

산후병 앓는 딸내미에게
아무래도 좋은 일이
있으려나 보다

번갯불

바라보면
아찔한

다가올까
오금 저린

푸른 숲
불꽃 튀는 사랑

낙엽은

어디로 떠나려는가
막연한 방황
늑골까지 파고든
통점 같은 사랑

그대와 곱게 소묘된 날들도
이제는 놓아주어야겠다

돌이켜보면 찬란했던 시절
그것마저 잊기로 하자

외롭게 저문 인생
바스락이며 떠나야 할 시간

바람 속 점등으로 일제히 날아오른다
깊어가는 겨울 눈빛 속으로

낙화암

골짜기마다 숭고한 넋
울려 퍼진 부소산성

세상 끝음절
한순간 뚝 끊어 낸
송이송이 푸른 피

화석으로 박혀버린
숭엄한 삼천궁녀

매실나무

예사롭지 않은 장대 끝
눈총 맞은 탱글한 알들

봄볕에 싱그러운
생각들만 불러 모았던 얼굴이
사색되어 흔들리는 순간
이별은 한꺼번에 시작되었다

선택할 수 없는 갈림길
사랑하는 이들과 손을 놓는다는 것이
이다지도 우울하고 아픔이었는지

품어주지 못한 죄로
먼 하늘 별이 된 푸른 것들이 그리워
목이 멘 아침
잎새마다 눈물이 또르륵

어서 오라

빙설 아래로
잰걸음으로 오라

흐드러진 햇살
한 아름 보듬어 오라

화색 돋은 홍매화
재잘거리는 개나리
허기진 비탈길로 기어서
당장 오라

봄

철새처럼

병원 창밖
서산으로 날아오른 새 떼
어디로 가는지 이름이 무엇인지
묻고 싶지도 않다

너무 고달픈 것들로만 암기하고 있는
어머님이 불현듯 떠올라서

흑백 영화 속 주인공처럼
악역 대본에 몰두하다 정신이 들면
창공으로 희미하게 사라지는
철새의 편대 속으로 눈길이 날아가
다른 역이라도 원하는 것처럼
야윈 목소리로
저문 세상
이제 나도 그만 날아오르고 싶다고

북극성

별빛 수장한
흑색 바다

어둠이 짙을수록
가야 할 길은
더 또렷해지고

봄바람 났어

아이고 큰일 났어
오목 가슴 열어젖힌
저것들 어찌할까나

초롱꽃 방울꽃
앞섶을 비집었다
잠시 다녀간 바람에

바람 들어
바람났어
이 방 저 방 봄바람났어

사려니 숲

사시사철 북적이는 사려니 숲
나무만 우거진 것이 아니다
내 집처럼 드나드는 바람과 햇살
사람의 발자국도 우거지고
새들의 울음도 우거졌다

그늘 속에 앉아 노는 여린 풀꽃조차
평화롭게 어우러진
한적하게 쉴 수 있는 쉼터이다

김장독에서

땅속
배가 큰 항아리에
웅크리고 앉아
알싸한 지혜로
겸손하게 익어가는 김치

뚜껑을 열면
짭짜름한 표정으로
톡톡 튀는 국물이
맵고 시릴수록
사소한 갈등쯤
참아낼 줄 알아야
차곡차곡 발효하여
깊은 맛으로
진솔하게 살아갈 수 있다는
김장김치

꽃반지

시들지 않는 꽃이
있다는 걸 몰랐어요

장미는
받아 본 적이 없어
잊고 살기로 했지요

무슨 바람이 불었는지
황금빛 꽃반지 끼워주며
참새처럼 사랑을 쪼아대는 사람

평생 가슴으로 만든
시들지 않는 꽃이라네요

넝쿨콩

밭고랑에 콩 심으라고 했더니
마음밭에 콩 심었다
떡잎으로 지지 말고
주렁주렁 넝쿨 뻗어
딴딴하게 영글었으면

육쪽 마늘

허물만 남은
엄마 품에

서로의 체온으로
소리 죽여 껴안은
육 남매

풋사과

풋사과 잘랐더니
당신 맘 내 맘이
한 치 오차도 없이
바라보며 여물고 있었어

무수한
별이 뜨고
달이 차오른 밤
깊디깊은 사랑
달이고 달였나봐

씨앗조차
비틀거리지 않게
꽉 물은 당신과 나

호수

아무 죄도 없는 나에게
돌을 던지는 사람들

미움과 증오
죄와 벌
흥망의 족적까지
첨벙첨벙

타살당한 돌덩이 끌어안고
시퍼런 침묵으로
견뎌야 하는 호수의 맘
읽어보려 한 적이나 있나요

소나무 분재

첩첩산중 적막 속
독립운동 중이었나
영문도 모른 채 뽑혀와

조막만 한 분에 갇혀
형틀에 묶이어
등뼈가 휘어지고
사지 끊어낸 옥살이

모진 고문 견뎌낸
기백도 늠름한 조선 솔

목련 나무

고운 것들
한아름 끌어안고
부풀다 부풀다

오늘은 이놈을
내일은 저놈을
탐스럽게 수놓은 꽃무리

바람이 헹가래칠 때마다
흔들리고 휘어진 세상과 친해져라
당당하게 지켜선 어머니 같은

들국화

한적한 길섶
송이마다
향주머니 달고서

가을볕에
터진 통증

넌
멀미 앓아
흔들리고

난
유혹받아
흔들린다

대나무

올곧다
선비라 했던가
마디마디
속 빈 강정인 것을

사시사철 푸르다
청렴결백 선비라 했던가

바람 불면
휘어진 속내
수수 수
대숲에 토하는 것을

방(榜)을 붙이다

이 꽃의 작명가는
누구인지

햇 봄에 잠시
거친 호흡 몰아쉰 나무가
보듬은 아이들

둥글고 뽀얀 상념
저마다 깊은 얼굴
사주팔자는 미인박명

이름은 백목련

꽃다운 그 이름
작명가는 어디의 누구인지

희귀 난 한 점

지난해 이사 온
희귀 난 한 점
베란다 창으로 기웃거린
햇살 덕에 잎이 넘쳐나고
뿌리도 여문 거 같아 분갈이했다

새침한 어린 싹 매만지다 보니
손끝에 닿는 잎맥의 떨림에 멈칫
곧 연지 찍을 딸내미가 어른거려
분 채 맑은 물에 앉혀
곱게 씻기고 물기 가득 머금게 두었다

낯선 분에서 먼저 자란 뿌리들과 잘 어울리며
푸른 수혈로 한 덩이 되어
그윽하게 어우러질 예감이 꼬리 문다

제3부

천 년이 흘러도

쓰린 것 덧대고 꿰맨
사랑 시 한 편 지으려
삶의 주머니 샅샅이 뒤질수록
깃털처럼 가벼워진다

젓가락

가지런히 누워
살갑게 살아가자

달그락달그락 격려하는
짝이어서 좋은
우리 사이

사람들 허기진 배
끼니때마다 함께 채워주며

그대가 되고 내가 되는 닮은꼴
진화되지 않아서 더욱 좋다

한 쌍의 연결고리

궁합 좋다는 말이
씨가 되어
채워진 연결 고리

별빛 같은 눈매 앞에
어김없이 흔들리는
풀꽃 같은 여자

적당한 구속은
그윽이 보듬어주는 당신 같아

등 돌려 누워도
숨길마저 평온한
느지막한 내 한 짝의 팔찌

메모지 속에서

메모지 열어보고
깜짝 놀랐어

빈틈없이 빽빽하게 채워진
사랑해란 글자 옆에
또렷한 내 이름

비로소 알았어
순박한 당신의 가슴에
나를 꽉 채우며 산다는 걸

전희를 시작하세요

꽃을 위해
뜨겁게 깨어난 당신
천천히 전희를 시작하세요

상기된 낯빛으로
잎을 탐닉하는 순간

격렬한 몸짓으로
꿈틀거릴 씨앗은
음부 속 전율로
태어날 꽃이랍니다

노을빛

사랑은 감출 수 없는
노을 같은 것

공허한 가슴 태우고 태워
재가 된다 하여도 두려워하지 않는 것

바라보면 먹먹하고
다가서면 가슴 뛰는

바구니 가득히

결혼기념일
배달 온
꽃바구니

연분홍 송아리마다
곰살맞은 당신이
온유하게 웃고 있었어

유산으로 내어주다

내 이름 석 자
부모님
늑골 같은 유산이다

천진난만한 성격
대가 없이 내어주곤
어른 공경하고
청송같이 살라시며
아름다운 시심까지
아낌없이 심어준 아버지

밤하늘 길라잡이
북극성이 되셨네

계산기

사랑의 값이 얼마인지
계산하지 말자고 다짐했어도

어느새
÷며 ×고 −며 +하여

두들겨 확인해 보는
연인들의 속내 =

사랑의 온도는

아직은 추위가
살아남은 들녘에
봄이 굼뜨게 걷고 있는 새벽

오래 묵어 간간한
된장 육수에 풀어놓은
봄 이야기가 보글보글
끓고 있다

소용돌이치는
계절의 파문들이 일제히 일어나
마지막 비등점 맞춘
냉잇국 궁합의 온도는

100 ℃

단풍 숲

참 아름다운 그대
때깔 고운 모습에
발길이 저절로
머무는 걸 어찌할까요

오롯이 익어가는
오색 나무 노점에
나의 커피점 간판을
걸고 싶어요

가로수 의자 하나밖에 없는
산새도 쉬어가고
다람쥐도 놀다 가는 쉼터
당신의 풍광 속에 그려 넣고 싶어요

그대는 가을 햇살에 초대받은
아름다운 여신 단풍

꽃 마중

누구를 기다릴까

호수 안
연꽃 아가씨

칠월 땡볕 분첩으로
하양 분홍
공들인 얼굴

초록 치마
나실나실 차려입은
가녀린 몸매

밀서같이 전하는
노란 향기에

멀리 사는 그대들
꽃노을에 달려 나와
벙글어지는 함박웃음

사랑스러운 니들

마당귀 여름꽃
멀리 사는 자식보다 더 예쁜 것은

심술보 터칠 때도
이슬 머금은 덧니로 웃어줄 때도
지척에서 눈길 주며
서로 인사 나눌 수 있어 좋다

감감무소식 잘난 자식들보다
땅바닥 납작 엎드려
민낯으로 밤새 안녕하냐고
웃어주는 채송화가 더 기특하고
남몰래 기어오른 울타리 너머로
하루 한번 집안을 들여다봐 주는
나팔꽃
나는 니들이 더 사랑스럽다

추억의 자락

어릴 적 소나기는
어찌나 사나웠는지
억수 같은 빗길 따라
뙤박질한 하굣길
가도 가도 멀기만 했다

수렁 같은 미나리꽝에 떨어져
겁에 질려 쩔쩔매다
설움 껴안고 집으로 돌아온 날

수없이 기어오르다
미끄러진 뚝붕
꿈속에서조차 무서워
불덩어리로 앓다 일어난

비 내리는 날이면
아련하게 피어나 망각되지 않는
또 하나의 향수

장마전선

치매병원
세 들어 사시는 어머니

칠 남매 이름 외우다
치자꽃처럼 하얗게 웃다가도
떠오르지 않은 이름 하나
물길 깊은 섬 속에 가라앉은 날이면

가물거리는 황량한 벌판으로
벼락이 요동치고 억수비가 쏟아진다

!!!
장마전선 북상 중
어머니 머릿속은 쑥대밭이다

생인 손가락

선체 사업하다
부도 맞은 둘째는
눈꽃이 폭설처럼 쏟아지던 밤
흔적을 감추었고

돈독 오른 사채업자에게
둥지까지 강탈당한 어머닌
한동안 죽은 고목처럼 사셨다

젖은 풀잎 같은 목청으로 부르다가
곪아버린 그리움
생살을 도려내듯

내 새끼 돌려주세요
내 새끼 돌려주세요

맵찬 눈보라
문고리 시리게 덜컹거린 날
동짓달 찬바람 껴안은 어머니

당신께 드리고 싶어요

알고 계신가요
온갖 풀꽃들이 뿌리내린
산속에서 곤히 잠들어 계신 걸

맹목의 잠만 자는 무덤 앞에
사시사철 시들지 않는 꽃들과
푸르른 나무
새들의 울창한 노래 들리는
시집 한 권 놓아 드리고 싶어요

이따금 바람이 절규하며
페이지를 넘기면
사랑하던 셋째 딸이 놓고간
첫 시집이라 생각하세요

보고 싶은 할미꽃도 꽂아둘 게요

끌림

캐러멜 마키야도
이런 건 처음이야

거품으로 포장한
부드러운 너에게
홀딱 반해 버렸어

첫 만남은
예고 없이 찾아오는
행운 같은 거래

빨간 책가방

먹구름 몰려온 하굣길
뜬금없이 나타나
무표정으로 낚아채 간
빨간 책가방

대문에 들어서면
소녀보다 먼저 달려와
수줍게 웃고 있었지

가끔 뒤척인 새벽녘
유성처럼 아스라이 사라져간
내 유년의 성장통

사랑이라 말해두자

겨울강이 해빙하는 것은
모두를 위해서라 말해두자

봄꽃이
빚어낸 볼록한 입술도
전해줄 새 소식이 있어서라
말해두자

봉숭아 꽃물이 붉게 번지는 것은
전해줄 뜨거운 심중이 있기 때문이라
말해두자

볕살이 냉큼 내어 준 열매도
갈무리할 가을을 위해서라 말해두자

청벚꽃의 비애

개심사 뜨락 봄만 되면
해묵은 피부병이 도지는 왕벚꽃

남다른 피부색과 입양지에 대한 궁금증
줄기 끝마다 폭발한다

긴장한 송아리 골고루 포옹해주는 햇살
이따금 다독이며 어루만져주는 춘풍

구경꾼 입살에 분분하게 오르는
케케묵은 난치병

잔뼈가 굵어지도록 저 홀로 앓아도
봄 한때 몽환적 매력으로 치부할 뿐
처방전이 없다

그대는 등 푸른 생선

여행 끝에 돌아온 집안
부산스럽다
삼십 년 걸려 겨우 지은 밥 한 그릇
얼른 먹어보라 성근 재촉

생살 같았던 푸르른 날
양은냄비 압력솥 전기밥솥
부지기수로 옮겨 다녀도 짓지 못하던

낱알처럼 서로 겉돌았던 지난 시절은
오간 데 없고 금실 좋게 살 비비며 견디는
묘수도 배워 뜸도 잘 들어 윤기가 반지르르

꼬들꼬들 한술 뜨자니
마음의 가시도 해체한 고등어 한 조각
뜨끈한 밥 위에 올려놓으며
배곯은 속까지 그들먹이 채워준 그대는
쌀밥 위 등 푸른 생선이었소

꿈길에서

삼차원 어둠 속
알 수 없는 상형문자 무언의 수화로
애절하게 손짓하네요

매미가 서럽게 울던 날
별이 되신 당신
우린 이제 영혼 속 나루터에서나
만날 수 있겠지요

이슬도 섧디 섧게 울어버린 아침
혹여나 남겨진
당신의 반쪽이 걱정되신지요
혹여나 남아계신
당신의 반쪽이 그리우신지요

러브체인

새끼손톱 같은
하얀 얼굴
흙에다 묻고서

수없이 찍어낸
문장

봉화로
피어오른
보라색 꽃 뭉치

몽땅 애정의
고해성사이었나

쉿

꽃바람 실실 웃던 날
비밀 숨겨둔
커피점에 들렀지

너는 없고
무늬목 탁자 위

뜨거운
하트 한 장
커피 속에 달랑
놓고 갔더라

앗
이걸 공개하면 어떡해

물망초 홑이불

물망초가 벽화로 새겨진
홑이불 한 채

사추기가 되도록
꽃밭에는
누워 본 적이 없었지만

청보라 꽃 속에서
잠들고 싶어요
별빛이 순한 오늘 밤에

흐릿한 옛사람이
서성일지 모를
엉겁의 모꼬지

별 그리고 그대

마음을 숨기려
공연히 애쓰지 마오

사랑도 깊어지면
절로 붉어지듯

먼 곳의 그대
바라볼수록 눈부시다오

명약처럼

홍수라도
났으면 딱 좋겠다

건선으로 쩍 갈라진 논바닥
어린모는 중증이다

목이 멘 채소
타닥타닥
타들어 가는 심장

햇살이 만든 역병에
숨 가쁜 세상으로
명약처럼 와다오

단비 소리

팔월 한밤중
목마른 들녘 지나
앞마당 채소밭에
무작정 달려오는 기척

기운 빠진 새순들
황급히 일어나
감동 어린 푸르른 편지

목 놓아 읽어 내린다
톡 톡 두두둑

잔인한 유월이여

탱자나무 사이로
수런거렸던 유월의 음모

종전되지 못한
철조망이 가시로 뻗었다

치유될 수 없는
이산의 고통

뾰족하게 찔러대는
남북공방전

잔인한 유월이여
엉켜있는 실타래를 풀어다오

백지수표 사랑

쓰린 것 덧대고 꿰맨
사랑 시 한 편 지으려
삶의 주머니 샅샅이 뒤질수록
깃털처럼 가벼워진다

벌거숭이 터전에서도
개척한 백지수표 같은 사랑

자식들에게 남발하고
남편에게 돌려막기 하다 보니
잔고가 없다

지천으로 널린 것이 사랑이라는데
사랑 은행 어디 없을까
무이자에 자격도 묻지 않는
대출이라도 받고 싶다

술

백 년이 흘러도
천 년이 흘러도
부패 없는
내 사랑

소문

사춘기
꽃망울
오지게 차올라

담홍색 초경
부끄럽게
수놓은 속곳
은하수에 몰래 풀어
빨랫줄에 널었더니

하현달 배시시

아뿔싸
그 장한 달거리
봄꽃처럼 온 동네
멋지게도 퍼졌더라

내리사랑

한평생 농사만 짓던 어머니
치매를 경작하고 있는 줄 몰랐다

세월 따라 빠르게 적응해야
왕따 당하지 않을 거 같은
요양병원 외딴섬

가끔 병실에 들리면
침상 밑에 꼬깃꼬깃 감춰 둔
사탕 한 알 선뜻 내어주며
골 깊은 주름살이 햇살처럼 펴져갔다

찔레꽃 당신

엄마 닮은 찔레가
한창인 오월

봄 가마 타고 시집온
연둣빛 새아씨 규방은
비탈진 산자락

가시 같은 자식을 품고서
봄날이 저물도록
가슴 저리게 웃고만 섰네

위로할 단어가 떠오르지 않아
서성인 발등으로
멍에를 베어 물은
하얀 꽃멀미

봄 빨래

꼭 짜 널은 빨래 속에
맘껏 나부끼는 당신을 보았어

그래
하루쯤 눈감아 줄게

담장 넘어
꽃분홍 팬티와
연애해도 괜찮아

난초 브로치

그대가 준
난초 브로치
어디에 달까 궁리하다

두근거린
내 심장에 달아 두었어

만리장성

전생에 원수라 그 업보로
부부가 된다지요

내 안에 또 다른 나를
뜨겁게 포개어
쌓아올린 만리장성

사랑한다
고맙다
지상에서 가장
탐스러운 말을 섞다가도

벽돌 하나 부서지면
와르르 무너지는 관계
쌓고 허물기를 반복한 성

희한한 우린
무슨 성에 살고 있냐고
되묻고 싶어집니다

남편 길들이기

흐리멍덩한 날
삭신이 뼛속까지 쑤시는데
허물같이 던져준 빨랫감

세제에 담긴 새까만 뒷덜미
낚아채어 빨래판에 올렸다

구정물 같은 세상
혼자 즐긴 흔적이 도배된 분홍 얼룩

조목조목 따졌더니
애꿎은 별다방
미쓰리의 정사(情事)라 거품 문다

등껍질이 벗겨지도록
애벌로 문질러
얄팍한 꼼수 게워낼 때까지
고문실에 넣었다

딱 하루라도

갓 떠오른 붉은 해
통째 담아 팔팔 끓인 미역국에
당신의 생일 고두로 퍼 담은 하루

간기 적당한 게장에
분함으로 치떨었던 업무 스트레스
오도독 뱉어내고

고춧가루 범벅인 마누라 칼칼한 성미
꼭꼭 씹어 낸다 한들
토라질 수 없는 고귀한 날

등이 허물어지게 버틴 직장생활 덕에
호강스러웠소

구정물 같은 세상
딱 하루라도 편하게
막걸리 한 사발에
연분홍 연정 몇 방울도 넣어 두었소

패를 떼다

화투장 패 떼기로
운세 보는 엄마

이월 매조 임을 만나
삼월 벚꽃에 뽕도 딴다는
점괘에

나이가 들면
팔자도 흑싸리 쭉정이 같아서
시월 단풍이 곱게 든들
무슨 소용이냐며
귀싸대기 쳐대는 담요 위로
슬쩍 찔러준 복채

오늘의 운수는
칠월 홍싸리 횡재라
운수대통이라고
목단처럼 환해진다

울지 마세요

맞출 수 없는 퍼즐 같은
어머니가 편찮으시다

허물어져간 기억이
맞춰지는 날에는
적잖게 당황스럽다

주말이면 장남의 손길로 말끔히
씻겨 드려도
허연 각질이 마루 전체로 뒹군다

한 번쯤 저승의 문턱 떠올렸을 각질
미지근한 물에 불려 매끈하게 벗겨드렸다

지나온 날들이 건조하게
벗겨질 때마다 숨죽여 흐느끼는

들키지 않으려는 자존심 지켜주려
모른 채 로션을 발랐더니

욱신거린 능선 어딘가 참고 있던
울음보가 봇물 터지듯 터졌다

아까워서 그러냐는
맏며느리 시답잖은 농에 껄껄 웃는다

매번 좋은 관계는 아니지만
고부는 서롤 이해하려 했다
당신의 특식인 라면을 나눠 먹으면서
소통해본다
자존심 뚝뚝 흘린 주말 한낮에

어머니의 친구들

어머니 모시고
선산으로 가는 길

앞마당
배추 상추 부추들이
파리한 얼굴로 친구 대신
텃밭을 지키고 있다는 걸 나는 몰랐다

다랭이 논 나락이
고개 숙여 서로 비비며
마지막 인사 나누는 줄 나는 몰랐다

길섶에 줄지어 선
이슬 맺힌 강아지풀이
어깨 흔들며 울고 서 있는 걸
나는 몰랐다

뒤곁의 낫과 호미 쇠스랑이가
땅을 치며 우는 줄도 나는 몰랐다

봉분에 뗏장을 입히고야 알았다
잡초 들풀 푸것들과 농기구가
평생 친구였다는 걸

이별 연습 중

밥 한술 드시오
따뜻한 쌀밥이요

흔한 된장국에
미운 놈
고운 놈
다 말아서 체기 없게 드시오

이것도 먹어 보오
새끼들 빈 배
채워 주느라
천 날 만 날
눈으로만 요기한 고기요
술도 한잔 드시오

이승의 마지막 밥상
비우지도 못한 채
이승도 저승도 아닌
고요 속에 빠져

수숫대처럼 마른 어머니
눈 좀 떠보오

아버님 전상서

올해는 외롭지 않겠어요
작년 구월에 모시고 간
어머님과 나란히 계실 테니까요

간소한 상차림이지만
생전에 즐겨 드신 식단으로
바꿔드리고 싶어지네요

한 세상 시고 떫게 사셨으니
과일보단 달곰한
사탕으로 놓고 싶고요
좀 짧게 사셨으니 밥 대신 잔치국수

산적 대신 틀니에 딱 맞는
눌린 돼지머리
삼삼한 물김치에
단 한 번도 드시지 않았던 술 대신
며느리 손길이 동동 뜨는 식혜로
바꿔드리고 싶지만

함부로 건드릴 수 없는 제사상
무너뜨릴 수 없는 벽이라
종손 며느리도 별수가 없네요
삼 형제 앞으로 시대에 맞는 제사상
받고 싶다 편지 한 통 부탁드려요

추신
저와 삼십 년 주고받았던
편지 생각은 나는지요

자연의 인격화와 인생론의 진실
-자아의 인식과 인생의 진실을 시적으로 승화

김 송 배
(시인. 전 한국문인협회 부이사장)

1. 자연 친화와 인생론적 교감

현대시의 창작에서 그 시인이 착목(着目)하는 시각적인 사물은 대체로 만유(萬有)의 자연에서 멈추게 된다. 우리의 신체 구조상 오관(五官) 중에서 가장 먼저 교감할 수 있는 것이 눈(眼)으로 보는 현상의 자연물이기 때문에 자연 친화와 더불어 시각적인 이미지의 창출이 시적인 소재나 주제의 투영에 다양하게 작용하면서 작품의 변용이나 전개에 많은 영향을 미치게 된다.

이러한 자연 소재에서도 우리 주변에서 사소하게 대할 수 있는 사물들이 작품의 소재로 등장하는 것은 크게 우려할 일은 아니다. 특히 습작기나 초임자들이 소재를 취택할 때 시각적인 효과가 상당한 여운을 담당하기 때문에 시인들은 시각적인 이미지의 창출이나 모티프로 선호하는 경향을 자주 접하게 된다.

여기 이경미의 시집 '바다로 간 木魚'에서의 작품들과 감명 깊게 접맥(接脈)하는 것은 소재가 대체로 식물성과 교감하는 자연에서 취하고 있다는 점을 간과(看過)

하지 못한다. 그는 대자연에 심취하면서 화해하고 또 교합(交合)을 탐색하는 자연관이 바로 그의 시적 진실과 상통하고 있어서 자연이 인간의 정서와 얼마나 친화하고 있는지를 짐작하게 한다.

이경미 시인은 '감감무소식 잘난 자식들보다/ 땅바닥 납작 엎드려/ 민낯으로 밤새 안녕하냐고/ 웃어주는 채송화가 더 기특하고/ 남몰래 기어오른 울타리 너머로/ 하루 한번 집안을 들여다봐 주는/ 나팔꽃/ 나는 니들이 더 사랑스럽다('사랑스러운 니들' 중에서)'는 어조와 같이 '나팔꽃'에서 비유하는 '자식들'과의 상관에서 우리는 그의 내면에 흐르는 자연 중심의 의식의 발현이라고 할 수 있을 것이다.

그러나 그에게서 분명한 것은 보편성을 갖는 모놀로그(monologue-독백)는 아니다. 모든 자연 사물이 그에게서는 특별한 이미지가 궁극적으로 창출하게 되고 그가 구현하려는 가치관이 내재된 인생론을 우리는 확인하면서 그의 작품을 감상하게 된다.

붉은 망 속
한 생애가 보낸
이별 통보를 펼쳐보다
한참이나 울었다

속속들이 필사한 독한 일생
덧물집헌데로 썩어가는 하얀 속살

살아온 길보다
돌아갈 길을 찾아

허물어 낼 줄 안다는 것이
때로는 아리고 슬플 때가 있다
--'양파' 전문

이렇게 '양파'라는 일상적인 사물에서 '한 생애'나 '속속들이 필사한 독한 일생'으로 형상화할 수 있는 그의 시법은 과히 사물과 관념이 상호 교감하는 형이상적 어조(語調-tone)라고 할 수 있을 것이다. 이 '양파'에서는 '살아온 길보다/ 돌아갈 길을 찾아/ 허물어 낼 줄 안다는 것'에서 우리 인간들의 슬픔까지도 형상화한다는 점은 그의 자연 동화(同化)의 실상에서 우리는 절실히 공감하게 된다.

그는 작품 '늙은 호박' 일부에서도 '다 늙어 마른/ 골팬 피부/ 새끼 열을 품고도/ 홀로 견딘 눈물겨운/ 어미고 여자였더라'와 같이 '호박=어미'라는 등식으로 인간과 동화하고 있어서 그의 인식은 자연 사물과의 절박한 교유(交遊)가 진행되고 있어서 이처럼 사물의 의인화는 그가 즐겨 활용하는 시법이라고 할 수 있다.

내 마음의 숲에
함께한 당신

살아오는 내내
철철이 선사한 뭉클한 두근거림
넉넉한 그늘까지 내어준 쉼터였지

물굽이로 소용돌이치며 깎인 자리
삭정이 되기도 했지만

작은 새들의 속삭임과 어우러져
싱그럽게 연주한 초록 화음은
내 마음 고동 친 울림이었지
--'숲의 노래' 전문

이경미 시인은 여기에서 '함께한 당신'이라는 화자(話者)가 등장하는데 이는 분명히 '내 마음의 숲에'서 의인화한 또 한 인생이 동행하고 있음을 간과하지 못한다. 그는 '숲'과의 교감에서 결론으로 적시한 '내 마음 고동친 울림'은 '살아오는 내내' '당신'과의 인생적인 희로애락(喜怒哀樂)의 정감의 사유에서 발현된 그의 순박한 진실이라고 이해하게 된다.

이와 같은 이미지의 투영에는 작품 '사려니 숲'에서 '한적하게 쉴 수 있는 쉼터', '낙엽은'에서 '돌이켜 보면 찬란했던 시절/ 그것마저 잊기로 하자// 외롭게 저문 인생/ 바스락이며 떠나야 할 시간', 그리고 '담쟁이덩굴'에서도 '회색빛 도도한 어깨 위/ 화르르 타오를 마지막 연가/ 바람처럼 머물다 갈 사랑이어도/ 품고야 말겠소'라는 인생과 사랑을 자연에 의탁(依託)하는 시법을 명징(明澄)하게 현현하고 있어서 그의 여유로운 자연관을 엿보게 하고 있다.

2. 삶의 궤적의 화해, 인식과 성찰

이경미 시인은 지금까지 살아온 궤적(軌跡)에서 존재의 근원이나 이유를 탐색하는 시법을 활용하고 있다. 시각적으로 응시(凝視)한 사물에서 연결시키는 관념의 원류가 바로 삶의 궤적에서 재생된 이미지의 창조인 것이다. 그것이 설령 오욕(五慾) 칠정(七情)에서 시적 주제와 괴리(乖離)되는 설정이 있다하더라도 그가 인식하는 것은 존재라는 대 숙명에서 투영하는 진실이라는 점을 높이 사게 된다.

이러한 시적 상황(situation)은 그 시인의 인생론과 무관하지 않을 것이다. 이경미 시인은 '겹겹이 얼어붙은 뼈마디/ 빙벽이라도 뚫고 일어나/ 싱싱한 풀 한 포기 되고 싶어지는 간절함/ 나의 봄은 어디쯤 오고 있는가('독감을 앓으며' 중에서)'라거나 '똑바르게 중심 잡고 산다는 게/ 어디 쉬운 일인가// 전기드릴의 위압에도/ 결합이 되어야 할 분명한 이유가 있다면/ 외롭고 두려운 세상일지라도/ 인내하며 살자 다짐했다// 완제품 인생을 위하여('나선형의 못' 중에서)'라는 어조는 존재의 영위를 위한 고뇌 섞인 변명(辨明)이며 이유일 것이다.

풋사과 잘랐더니
당신 맘 내 맘이
한 치 오차도 없이
바라보며 여물고 있었어

무수한
별이 뜨고
달이 차오른 밤
깊디깊은 사랑
달이고 달였나봐

씨앗조차
비틀거리지 않게
꽉 물은 당신과 나

--'풋사과' 전문

그렇다. 일찍이 호메로스는 작품 '일리아드'에서 '인간은 나뭇잎과 같이 대지의 은혜인 과일을 먹고 반짝반짝 번성할 때도 있고 때로는 갑자기 생명은 덧없다'는 절망에 잠기기도 한다는 명언으로 우리들의 존재에 대한 회의(懷疑)를 다소 이해시켜주고 있듯이 이 '풋사과'가 상징하는 의미적인 요소는 바로 인생행로의 다변적인 철학적 가치관을 내포하고 있음을 이해하게 된다.

여기에 '당신과 나'라는 화자가 묵시적(黙示的)으로 적시하면서 전개하는 시법은 '당신 맘 내 맘'이 상호 동행의 포괄적인 행복 추구에 그 초점을 겨냥하고 있는지도 모를 일이다. 일찍이 세네카도 말했다. 인생은 짧은 이야기와 같은 것이라고. 그러나 중요한 것은 그 길이가 아니라 값어치라고 했듯이 사과의 '한 치 오차도 없이/ 바라보며 여물고 있'는 '씨앗'처럼 살아가려는 염원이 넘치고 있다.

가을 하늘은
가슴을 비워내어
저리도 공허한데
이제 내 나이도
비워내는 일만 남았다

빛나던 별살에
펄떡인 청춘을 다 태우고
노을 깊은 곳으로
천천히 지고 있다는 걸 알면서도
이젠 맘이 참 편안하다

가끔 문신처럼 독한 사랑이

외롭게 펄럭이면 쓸쓸하다

--'지고 있다는 것은' 전문

또한 그의 내면의식에는 인식에서 승화(昇化)한 성찰의 정감이 흐르고 있다. 그는 '이제 내 나이도/ 비워내는 일만 남았다'거나 '노을 깊은 곳으로/ 천천히 지고 있다는 걸 알면서도/ 이젠 맘이 참 편안하다' 또한 결론으로 적시한 '가끔 문신처럼 독한 사랑이/ 외롭게 펄럭이면 쓸쓸하다'는 등의 어조는 약간 침울하기도 하지만 이경미 시인의 성찰의 심도(深度)를 유추할 수 있는 '참 편안'한 언어의 분사(噴射)라고 할 수 있다.

이러한 감응(感應)은 다시 작품 '불면의 바다'에서 '불면으로부터/ 독립하지 못할 거라며/ 창가에 서성이는 달빛의 충고도/ 받아들여야 했다'는 불면으로부터 탈피하려는 심중에서 작품 '해탈'에서 '채운 것이 없어/ 버릴 것도 없다며/ 푸른 속내/ 둥글게 펼친 연(連)// 욕심한 방울도/ 쏟아내지 못해/ 번뇌 끌어안고 사는/ 사람보다 낫다'는 불성(佛性)에서 해법을 찾고 있다.

그는 '억겁 수행하고도/ 부레 한 점 얻지 못해/ 처마 밑 화석이 되어버린 목어('화석이 되다' 중에서)'처럼 인생의 행로에서 지향점과 동시에 성찰의 향방에서 해탈적인 가치관 정립을 도모하고 있는 것이다.

3. '허기진 시인들'과 상상의 세계

현대 시인들에게 그 어려운 시를 왜 쓰느냐고 물어보면 대개가 내가 좋아해서 쓴다는 단순한 개념의 답변을 들을 수 있다. 그것은 대단히 잘못된 견해이다. 시를 창작하는 목적이나 이유는 따르게 상존(常存)한다.

시의 효용문제이다. 시가 왜 이 세상에 필요하냐, 왜 시인들은 시를 써야하냐는 등의 문제에서 명료(明瞭)한 대답은 바로 나의 인식이며 성찰이다.

이경미 시인은 이미 '시인의 말'에서 '밥 대신 시를 짓고/ 찬거리 손질 대신 시를 다듬었고/ 별 달 꽃들도 따 담아/ 보글보글 끓였다/ 흐릿한 옛사랑과 이별한 속내도/ 달래고 쓰다듬어/ 소소하게 엮어낸 첫 시집'이라는 순정미 넘치는 진실의 언어와 같이 그는 시를 생활화하면서 살아가는 시인이다.

지금까지 보아온 그의 시적 발상이나 이미지의 창출은 대체로 외적인 자연 현상이과 사물에 자신의 감정을 이입(移入)하여 그가 간직한 미적(美的) 진실로 형상화하는 시법으로 현현되고 있는데 이는 청록파 박두진 시인의 말처럼 시는 언제나 우리의 삶을 새로 출발하도록 고무하며 그 삶의 근원으로 되돌아가게 한다는 정의를 이경미 시학의 원류로 삼고 있음을 짐작하게 한다.

장대비 속
천둥의 호통에
오금이 저리다

시 대신
지난날 부모님께
지은 큰 죄를 진술해야
될 것 같다

진술서엔 이미

어머니께는 산고(産苦)를
아버진 노동판으로 내몬
나의 죄명이 분명하게 찍혀 있어
용서 빌지 못한 중한 죄목에
내 가슴은 종일 천둥이 친다

--'시인의 진술서' 전문

이것이 진정한 시인의 고뇌에 찬 진술이다. 마력적인 시의 의미를 지각하는 순간의 미학이다. '지난날 부모님께/ 지은 큰 죄를 진술해야' 그는 시의 정신과 위의(威儀)를 확인하게 되는 것이다. 결국 거기에서는 '나의 죄명'과 '용서 받지 못한 중한 죄목'이 그에게 시로 성찰하게 하는 동력이 되고 있는 것이다.

저녁 식탁 가득
별빛 버무린 시어 한 상

백김치 깍두기 콩나물
군침 도는 시어들

존득한 하얀 낟알
수북하게 두드려
육개장 국물에 말았다

박홍의 꽃물처럼
때깔 고운 문체

매끈한 시 한 사발
허기진 시인들

푸짐해진 별 밤이었다

--'시맹' 전문

여기에서는 '시맹'이란 시인들의 모임에서 '별빛 버무린 시어 한 상'이 차려진 저녁 식탁에서는 '매끈한 시 한 사발/ 허기진 시인들/ 푸짐해진 별 밤이었다'는 어조는 얼마나 시에 목말라했던 정황이 우리의 공감을 절절하게 흡인하고 있다. 또한 그의 비유법은 더욱 감칠맛 나게 '백김치 깍두기 콩나물/ 군침 도는 시어들// 존득한 하얀 날알/ 수북하게 두드려/ 육개장 국물에 말았다'는 언어의 묘미(妙味)를 분사고 있어서 흥미를 유발시키고 있다.

그는 시를 소재나 주제로 투영한 작품들을 다수 대하게 되는데 '쓰린 것 덧대고 꿰맨/ 사랑 시 한 편 지으려/ 삶의 주머니 샅샅이 뒤질수록/ 깃털같이 가벼워진다('백지수표 사랑' 중에서)'거나 '하현달이 저만큼 다가와 잡념의 살/ 반쯤 빼라네/ 널브러진 낱말들 주워 먹고/ 통통히 살쪄 오를 시를 위하여('부싯돌을 켜자' 중에서)', '시어 울창한/ 온양 광덕산 팔각정이/ 야단법석이다('산은 명상 중' 중에서)'는 이경미 시인과 시와의 인연은 현재도 왕성하게 진행 중이어서 시와 인생과의 불가분의 상관성을 이해하게 된다.

그리고 '맹목의 잠만 자는 무덤 앞에/ 사시사철 시들지 않는 꽃들과/ 푸르른 나무/ 새들의 울창한 노래 들리는/ 시집 한 권 놓아 드리고 싶어요// 이따금 바람이 절규하며/ 페이지를 넘기면/ 사랑하던 셋째 딸이 놓고 간/ 첫 시집이라 생각하세요('당신께 드리고 싶어요' 중에서)'라는 어조에서는 '당신'과 '셋째 딸'이라는 화자로 보아서 저승에 계시는 아버지(혹은 어머니)의 묘소(墓所)에 정성스레 바치는 정감의 현장이 적나라하게 묘사되어 있어서 시를 향한 그의 집념을 이해하게 한다.

4. 사모곡과 효행의 시적 화해

우리 시인들은 시적 소재나 주제로 가장 많이 취택하는 부분이 어머니라고 한다. 그것은 '어머니'라는 시적 대상에 대한 이미지나 상징은 대체로 나의 생명을 잉태하고 길러준 은혜로운 거룩한 존재이다. 그리고 어머니는 사랑의 화신이다.

이경미 시인은 이러한 사랑의 대상으로 작품의 진실을 토설(吐說)하고 있는데 거기에 시상(詩想)을 몰입하거나 감정을 이입하고 있어서 그의 효행(孝行)이 사모곡을 더욱 애절하게 전달하는 음조(音調)가 심금(心琴)을 울려주고 있는 것이다.

한평생 농사만 짓던 어머니
치매를 경작하고 있는 줄 몰랐다

세월 따라 빠르게 적응해야
왕따 당하지 않을 거 같은
요양병원 외딴섬

가끔 병실에 들리면
침상 밑에 꼬깃꼬깃 감춰 둔
사탕 한 알 선뜻 내어주며
골 깊은 주름살이 햇살처럼 펴져갔다

--'내리사랑' 전문

이 작품과 같이 우선 '어머니'에 대한 시적 상황 도입은 '치매'와 '요양병원 외딴섬'에서 출발한다. 우리 인간들에게서는 피할 수 없는 '세월'과 동행하는 신체적, 정신적인 변화이다. 이를 곁에서 바라보는 이경미 시인의 허망한 인생론이 시적으로 형상화하고 있는 것이다.

그러나 그의 심중에는 '한평생 농사만 짓던 어머니/ 치매를 경작하고 있는 줄 몰랐다'는 어조로 그동안의 무관심에 대한 자책감(自責感)으로 어머니를 위로하고 있어서 그의 효행은 지금부터 발흥하고 있다.

김남조 시인도 어느 글에서 '어머니! 이렇게 부르면 지체없이 격렬한 전류가 온다. 아픈 전기이다. 아프고 뜨겁고 견딜 수 없는 전기이다.'라는 말로 어머니를 예찬한 바 있다. 이러한 어머니의 전류는 '맞출 수 없는 퍼즐 같은/ 어머니가 편찮으시다('울지 마세요' 중에서)'라거나 '치매병원/ 세 들어 사시는 어머니-중략-// 장마전선 북상 중/ 어머니 머릿속은 쑥대밭이다('장마전선' 중에서)'라는 실제의 상황으로 현현된다.

그는 다시 '이승의 마지막 밥상/ 비우지도 못한 채/ 이승도 저승도 아닌/ 고요 속에 빠져/ 수숫대처럼 마른 어머니/ 눈을 좀 떠보오('이별 연습 중' 중에서)'라는 임종의 어조가 더욱 애절한 정감으로 현현되고 있어서 인생 최후의 절명(絶命)에 대한 공감으로 형상화하고 있다.

엄마 닮은 찔레가
한창인 오월

봄 가마 타고 시집온

연둣빛 새아씨 규방은
비탈진 산자락

가시 같은 자식을 품고서
봄날이 저물도록
가슴 저리게 웃고만 섰네

위로할 단어가 떠오르지 않아
서성인 발등으로
멍에를 베어 물은
하얀 꽃멀미

--'찔레꽃 당신' 전문

이젠 영원한 불귀(不歸)의 객이 된 어머니를 '찔레가/ 한창인 오월'에 배알(拜謁)하고 있다. 그는 '어머니 모시고/ 선산으로 가는 길'에서 많은 자연 현상과 만나게 되는 이를 작품 '어머니의 친구들'로 명명하면서 '유골 묻은 봉분에 뗏장을 입히고야/ 잡초 들풀 풋것들과 농기구가/ 평생 친구였다는 것을'이라고 어머니를 떠나보내고 있다.

어머니는 '비탈진 산자락'에 규방을 만들고 영면하고 있다. 그러나 '위로할 단어가 떠오르지 않아/ 서성인 발등으로/ 멍에를 베어 물은/ 하얀 꽃멀미'만 앓고 있다. 아직도 그의 뇌리에는 '팔십 노모'의 생전의 목소리가 '기적처럼 울'리고 있는 것이다.

올해는 외롭지 않겠어요
작년 구월에 모시고 간
어머님과 나란히 계실 테니까요

이경미 시인은 작품 '아버님 전상서'에서 부모에 대한 효성의 언어로 위로의 전언(傳言)을 하고 있다. 이렇게 그의 효도는 이 시집에서 인생론을 정리하면서 대미(大尾)를 장식하고 있다. 시는 가장 아름답고 인상적이고 다양하게 효과적으로 사물을 진술하는 방법이라는 매슈 아놀드의 명언을 다시 떠오르게 하는 인생체험의 현장에서 투사된 시법이 더욱 돋보이는 이유가 될 것이다.

그리하여 그는 '비로소 알았어/ 순박한 당신의 가슴에 / 나를 꽉 채우며 산다는 걸('메모지 속에서' 중에서)'이라는 결론으로 자아의 인식과 더불어 인생의 진실을 시적으로 승화하고 있어서 우리들의 시 읽기는 한결 공감의 범주를 오래도록 벗어나지 못할 것이다.

시집 출간을 진심으로 축하한다.*

이 경 미 시집

바다로 간 木魚

2018년 11월 10일 초판 인쇄
2018년 11월 15일 초판 발행

지 은 이 ‖ 이 경 미
발 행 인 ‖ 정 병 국

펴 낸 곳 ‖ 도서출판 지식과사람들
등록번호 ‖ 제2-3436
주　　소 ‖ 서울 중구 충무로 2길 20(충무로4가 3층)
대표전화 ‖ 02-2277-7674
E-mail ‖ jisik1198@naver.com
ISBN ‖ 978-89-94571-39-3

값 10,000원